CW01651202

NIGHT ANIMALS

Some animals are night animals. They sleep in the day.

These animals sleep in the day. They come out to look for things to eat when it is dark.

FOX

At night, a fox comes out of its den. The fox comes out to hunt for things to eat.

BADGER

This animal is a badger. It comes out at night to hunt for things to eat.

OWL

An owl likes to fly at night. This owl catches a mouse with its sharp claws. Can you see the sharp claws?

WEASEL

This animal has sharp teeth. It is a weasel. This weasel catches a mouse with its sharp teeth.

RABBIT

This rabbit comes into a field. A rabbit likes to eat grass and other plants at night.

HARE

A hare has long legs. It can run very fast. It comes out at night to eat grass and other plants, too.

HEDGEHOG

A hedgehog comes out of its nest at night. This hedgehog has a worm to eat. It likes to eat bugs, too.

GREEN TOAD

A green toad comes out at night to look for things to eat. This green toad has a fat worm to eat.

MOUSE

A mouse likes to eat nuts and seeds. A mouse comes out at night to look for nuts and seeds.

CAT

A cat can see well in the dark. At night, a cat likes to come out to hunt for a mouse.

MOTH

You can see a moth at night. A moth will fly to a light. It will fly around the light at night. Can you see the bat, too?

HAMSTER

This hamster is a pet. It likes to sleep in the day.
A hamster likes to run around when you are sleeping.

Glossary

claws

legs

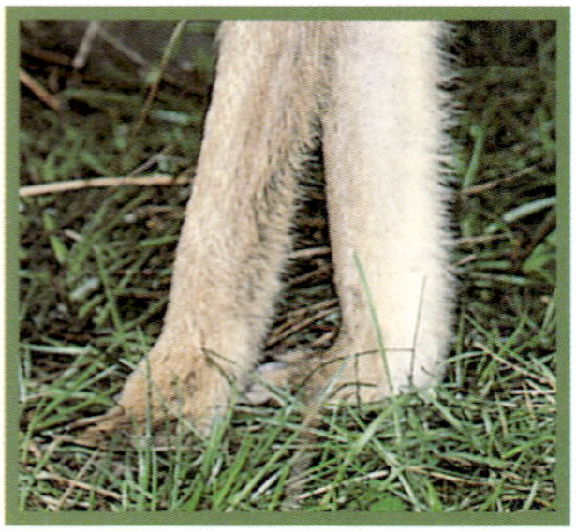

light

nuts

plants

worm

c'est dimanche
lundi

Plein air

Plein air

Photographies Aurore Valade
Textes Lætitia Bianchi

DIAPHANE éditions

De quelques données psycho-picturo-sociologiques inattendues sur les Beauvaisiens

Une fiction scientifique à partir des figures photographiées
par Aurore Valade dans la ville de Beauvais au printemps 2008.

Beauvais

longitude Est 02°04'55'' /// 2.0819° /// 0.036337
latitude Nord 49°26'07'' /// 49.4353° /// 0.862808
superficie 33,1 km^2
code INSEE 60057
codes postaux 60000-60155

Beauvais est une commune située dans le département de l'Oise, dans la région de Picardie, dans le pays de France.

Les textes suivants ont pour but de mettre à jour certaines données nouvelles relatives aux mœurs des Beauvaisiens et à leur environnement immédiat. L'établissement de conclusions définitives nécessite cependant la plus grande prudence. Une vigilance accrue aux faits et gestes des Beauvaisiens et aux paysages urbains constituant les théâtres de leurs déambulations pourra ultérieurement conforter ou infirmer les faits établis dans la présente étude.

1

Uccello, Giotto, chat, bic, bec

Sur une route d'Ombrie, saint François d'Assise faisait un *sermon* : « *Mes frères les oiseaux, comme vous avez raison de chanter les louanges de Dieu ! Comme vous avez raison de l'aimer ! Il vous a donné des plumes pour vous vêtir, il vous a donné des ailes pour voler, il vous a donné tout ce dont vous avez besoin pour vivre. Vous avez reçu pour champ l'espace. Vous n'avez ni à semer, ni à moissonner. Vous avez le vivre et le couvert.* » Sur le *Sermon aux oiseaux* peint à Pise par Giotto, il y avait donc un geai des chênes, des chardonnerets, des grives, des tourterelles, des oies, des corvidés à bec clair, des pies bavardes, un gros coq, des petits hérons et un merle. Giotto mourut, son merle survécut. Arriva le chat. Le merle mourut. D'orange, il resta des mégots, un stylo bic sans capuchon et le bec du merle. Le chat s'enfuit, de honte. On posa une petite annonce : il ne revint pas. Aucune mère Michel à la fenêtre. Restaient les lignes de fuite des maisons, restait l'amour des oiseaux, et Uccello disant à sa femme délaissée : « *Ah! Quelle douce chose que la perspective !* »

Lebesgue
NOUVEAU BIPPER
À PARTIR DE 10500
Bipper
PEUGEOT
Lebesgue

2

Fenêtres, polyptyque, inventaire d'un habitat

Un polyptyque est un ensemble de panneaux peints ou sculptés, liés entre eux, comprenant souvent des volets pouvant se replier sur une partie centrale. Étant donné le nombre de fenêtres, nous pourrions parler ici d'un polypolyptyque. On remarquera non sans intérêt que le terme « polyptyque » désigne également l'inventaire détaillé des biens fonciers d'un grand propriétaire. Les premiers polyptyques francs remontent au VIIe siècle. Dans leur forme classique, ils décrivent au IXe siècle les composantes de chaque seigneurie (réserve et tenures paysannes), énumèrent les obligations des tenanciers et détaillent parfois le nom et la composition de leur famille. Le polyptyque de Beauvais (XXIe siècle) donne un bon aperçu de la situation foncière de ces lieux que les personnages ne peuvent pas quitter. Une composition magistrale, qui n'est pas sans évoquer avec humour l'œuvre de Pere Borrell del Caso (1835-1910), peintre espagnol ayant donné chair à une escapade célèbre : la fuite d'un personnage hors d'un tableau, tableau dont il s'échappe comme on saute par la fenêtre – en se tenant aux rebords du cadre. Ici, certains tentent d'enjamber le balcon du cadre, en vain : un pistolet les retient. D'autres ont franchi le seuil et semblent déjà dehors, en vain : leurs mains sont accrochées aux barreaux. Fuir est impossible. Seule la trottinette rose semble libre de partir sur ses deux roues vers d'autres terrains vagues.

3

Apparemment deux filles, apparemment deux chiens

Hypothèses de travail :
- le chien : Cerbère, l'une des trois têtes cachée par sa posture étrange et tortueuse ?
- les créatures blondes : d'évidence infernales ?
- la flaque d'eau : embouchure du Styx ?
- intérêt de la structure métallique, sorte de porche d'entrée : ???

Vérification des hypothèses : en cours.

4

Symboles dits encombrants, *vanitas vanitatum, omnia vanitas*

À l'époque baroque, on appelait cela une vanité : une représentation picturale évoquant la fragilité de la vie et l'inanité des occupations humaines par le biais d'un amoncellement d'objets apparemment disparates. Concernant ces objets symbolisant la fuite du temps et la mort, il n'est pas inutile dans le cas présent de s'en référer à la classification de Bergström. Le premier groupe de Bergström comprend les objets stigmatisant la vanité des biens terrestres. On remarquera ici les chaises vides symbolisant le pouvoir, la boîte à outils, la roue et la grue symbolisant le savoir scientifique, les bagues de la femme symbolisant la richesse, la pancarte publicitaire symbolisant les péchés véniels que sont la gourmandise et l'envie, la carte du monde et les lettres peintes symbolisant le savoir intellectuel. Le deuxième groupe de Bergström comprend les éléments évoquant le caractère transitoire de la vie humaine. On remarquera ici les nombreuses roues, symboles du cycle des saisons, les bidons vides, tonneaux des Danaïdes modernes, les jeux d'enfants et la fleur, symboles de la jeunesse qui passe et qui se fane, les extincteurs symbolisant la fin de toute passion, et enfin le balai, symbole de la poussière qui s'amoncelle et finit par recouvrir toute vie et toute réalisation humaine. Troisième groupe de Bergström : les symboles de résurrection et de vie éternelle. Ici, ce thème est magnifiquement illustré, de façon extrêmement novatrice, par une triple présence : l'homme à califourchon sur le mur, à cheval entre deux mondes, l'homme à la tête bandée qui tient une pagaie à la main et semble ramasser une obole, personnification du passeur du Styx, et bien sûr la femme enceinte aux mains gravement et tendrement posées sur son ventre dénudé. Enfin, ce *memento mori* est parachevé par un dernier et somptueux détail : le panneau du sens de la vie, gisant à terre, et mentionnant le chiffre « 2 » – quelle plus belle image de la dualité inséparable du monde, du caractère indissociable de ce qui va naître et ce qui va mourir ?

INA
NOUVEAU DANS VOTRE VILLE
STOP!
EURO DELICES
2

5

Pattes, plumes, poils, roues

Tableau comparatif sur l'intériorité et l'extériorité des multiples habitants d'un lieu.

	GENRE HUMAIN*							GENRE ANIMAL**						
	homme	femme	demoiselle	fille	garçon	bébé 1	bébé 2	perroquet	serpent	chien 1	chien 2	chien 3	lézard	hibou
JOUE AVEC UNE BALLE	X		X		X	X					X	X		
ADORE LÉZARDER	X			X	X		X		X	X		X	X	
AIME LES FRUITS		X	X		X	X		X			X			X

	ÊTRES DOUÉS DE PAROLE							QUI ROULENT OU RAMPENT						
	homme	femme	demoiselle	fille	garçon	perroquet	bébé 1	poussette	lézard	serpent	bébé 1	tricycle	bébé 2 (?)	chien 2 (?)
JOUE AVEC UNE BALLE	X				X		X				X			X
ADORE LÉZARDER	X			X	X				X	X			X	
AIME LES FRUITS		X	X		X	X	X				X			X

*NOTE DE L'AUTEUR: l'auteur s'excuse d'avoir omis dans son étude, pour des raisons purement ophtalmologiques, la petite fille à la fenêtre. Les résultats complets seront publiés dans une étude remaniée postérieure.

**NOTE DE L'AUTEUR: le chien sans tête et la sorcière n'ont hélas pas trouvé de place dans cette classification.

6

Voyelle E, surface, peur du rouge

Les conditions d'utilisation de colorants dans les aliments sont harmonisées dans toute l'Union européenne sur la base de la directive du Conseil 94/36/EC. Les numéros E servent à désigner les additifs alimentaires utilisés en Europe dans l'étiquetage des denrées. Rimbaud avait trouvé la couleur des voyelles ; la commission du Codex Alimentarius a trouvé le numéro des couleurs : E10 – pour la couleur jaune, E11 – pour l'orange, E12 – pour le rouge, E13 – pour le bleu et le violet, E14 – pour le vert, E15 – pour le brun et le noir, E16 – à E18 – pour les couleurs étranges et indéfinissables, par exemple le revêtement extérieur d'une grande surface. On notera que le rouge E120, dit rouge de cochenille du nopal ou acide carminique, est très couramment utilisé, de même que le rouge E122 dit azorubine, le rouge E124 dit ponceau 4R et le rouge E129 rouge allura AC. Parmi les rouges, sont interdits en France donc à Beauvais le E125 écarlate, le E126 ponceau, et le E128 rouge 2G. On notera que le E123, rouge amarante, est également interdit sur notre territoire, sauf pour le caviar et ses succédanés. Reste à déterminer si un caddie ou une ficelle à entourer des poireaux sont des succédanés du caviar. Par ailleurs, une étude récente menée au Royaume-Uni, très largement médiatisée, a démontré un lien entre six colorants alimentaires (E102 tartrazine, E104 jaune de quinoléine, E110 jaune orangé, E122 azorubine, E124 rouge cochenille A et E120 rouge allura) et le syndrome d'hyperactivité chez l'enfant, lorsque lesdits colorants sont associés avec des conservateurs du type benzoates. Reste à savoir si les résultats de cette étude sont ici corroborés, ou si les enfants tendent par amour de la science à se conformer aux résultats des chercheurs (syndrome classique de l'influence de l'observateur sur l'observé). Une photographie en noir et blanc permettrait peut-être de résoudre cette épineuse question.

Les Mousquetaires

7

Bugatti, Bellini, belles de nuit

Est-ce du fait des sonorités italiennes de son nom que Bugatti, non content de sa renommée en termes de course automobile mondiale et de clairs-obscurs humains à Beauvais, s'est lancé dans l'exercice ardu du trompe-l'œil après Andrea Pozzo, Tiepolo, Giovanni Bellini ? On notera dans la présente scène deux détails visant précisément à tromper les yeux du spectateur, par une illusion de perspective troublante de réalité : une tête masculine de profil, aux cheveux hirsutes, sur un corps féminin déjà en possession de sa propre tête pensante, et des jambes féminines vêtues d'un pantalon blanc se greffant sur le torse d'une autre créature féminine, et ce dans le seul but semble-t-il d'embrasser elle aussi un garçon. On en sort conquis, mais pas dupes : et c'est là l'effet même de cet art.

CLUB
LE BUGATTI

8

Sourires, baiser, 44%, alcoolémie

Cause des sourires, non-sourires et comportements erratiques indéterminés au sein des membres d'une foule, à une heure tardive de la nuit à Beauvais, à l'instant «t» d'une photographie inopinée.

	SENTIMENTS EXPRIMÉS								
	contentement	politesse	béatitude	passion	compassion	ironie	timidité	conversation	alcoolémie
SOURIRE	44%	12%	19%	1%	3%	0%	0%	0%	29%
ABSENCE DE SOURIRE	1%	0,4%	0,6%	0%	0%	12%	56%	17%	13%
INDÉTERMINÉ (BAISER)	27%	1%	9%	44%	3%	0%	0%	0%	16%

LE MIX BAR
Heineken
LE MIX BAR
PHOTOGRAPH
enjoy6
.com

9

Calypso, mousses, moussaillons, belles gueules au pal d'argent

La toponymie est la science qui étudie les noms de lieux : elle se propose d'étudier leur étymologie, leur signification, et leur éventuelle transformation au fil des siècles. On ne démontre plus l'impact de la variable toponymique sur les attitudes des habitants du lieu ou du lieu-dit dont il est question. Le cas présent est extrêmement révélateur de cet état de fait. Nous sommes donc ici en présence de la figure complexe hydrodonyme, sorte de *mix* de deux catégories référentielles de toponymes : les hydronymes (toponymes se référant à une entité spatiale comportant une notion d'eau : cours d'eau, plans d'eau, chutes d'eau, bateaux) et les odonymes (toponymes se référant à une voie de communication). Le chercheur ne peut être ici que comblé par l'adéquation parfaite entre une sonorité linguistique, *Calypso*, et les attitudes psychomotrices individuelles et globales qui en découlent. Calypso, nymphe de la mer de la mythologie grecque, non contente d'avoir prêté son nom à un dragueur de mines à coque en bois construit en 1942 pour la Royal Navy britannique et reconverti après-guerre en ferry reliant l'île de Malte à l'île de Gozo, puis en pied-à-terre ambulant du commandant Cousteau, Calypso, donc, a donné à Beauvais le nom d'une boîte : de nuit et de sardines. Et c'est sans doute cette connotation maritime qui fait qu'à la sortie du lieu-dit, les Beauvaisiens se dressent, tels des moussaillons sur un navire voguant sous le ciel étoilé. La navigation étant une science complexe, ces marins en herbe font preuve d'une concentration remarquable dont témoignent les attitudes de leurs visages experts, tendus vers un but commun : mesurer la route à suivre pour rejoindre le point à atteindre, en fonction du calcul des distances et durées, de la vitesse de déplacement et de l'heure estimée d'arrivée. Dressé, à l'affût, le moussaillon en chef identifie, l'air confiant, les points remarquables le long des côtes : amers naturels ou artificiels, feux des phares et des balises. On notera avec intérêt que la force du vent était cette nuit-là de 6 à 7 sur l'échelle de Beaufort. On sent le vent sur la figure, les feuilles bougent, les drapeaux flottent, des traînées d'écume se forment, les poussières s'envolent, les petites branches plient, les petits arbres balancent, la mousse coule à flots, les hommes dansent, les sommets de tous les arbres sont agités, quelques branches cassent, les marins manquent de passer par-dessus bord, les visages sont des *gueules au pal d'argent*, les deux bandes du blason de Beauvais s'arrondissent en forme de houle, le pal d'argent est fiché comme un pieu sur la gauche, seuls lui et la voiture semblent encore statiques.

4284 XQ 60

10

Hydrologie, ensoleillement, mœurs nocturnes, complexe aquatique

La ville de Beauvais est située dans une ancienne région marécageuse au nord de Paris : la ville bénéficie d'un climat océanique, doux et humide. Cela ne suffit néanmoins pas à contenter les besoins hydrauliques de certains habitants. En période estivale, les températures atteignent couramment les 25 °C, même la nuit : Météo France n'a-t-elle pas relevé un record de température de 37,2 °C le 28 juillet 1947 ? C'est semblant craindre une telle répétition de l'histoire que régulièrement, certains habitants se réfugient dans les zones les plus humides de la ville. Une simple pataugeoire fait alors l'affaire. Afin de remédier à ce triste état de fait, le Maire de Beauvais a lancé officiellement les travaux du Complexe aquatique du parc Marcel Dassault le 1er juillet 2005.

DIM

11

Exhibitionnisme, flashing, flash, verbalisation

Question n° : 16461 de M. *** (Député, Oise). /// Ministère interrogé : Justice. /// Ministère attributaire : Justice. /// Question publiée au JO le : 14/04/2003. /// Page : 2861. /// Réponse publiée au JO le : 30/06/2003. /// Page : 5244. /// Rubrique : droit pénal. /// Tête d'analyse : atteintes à la personne. /// Analyse : exhibition sexuelle. /// Texte de la question : « M. François Liberti appelle l'attention de M. le Garde des Sceaux, Ministre de la Justice, sur la nécessité de dépénaliser l'acte explicite de la nudité. La loi française réprime selon les termes de l'article 222-32 du Code pénal modifié par Ordonnance n°2000-916 du 19 septembre 2000, « l'exhibition sexuelle imposée à autrui ». La qualification « exhibition sexuelle » suppose la réunion de trois éléments : l'acte matériel d'exhibition sexuelle lui-même, le fait qu'il ait été commis en public (dans un lieu public ou dans un lieu privé mais à la vue d'autrui) et la conscience d'offenser volontairement ou par négligence la pudeur publique. Ce qui ne correspond en rien à l'activité du naturisme sous pont autoroutier. C'est la raison pour laquelle il lui propose que l'article 222-32 du code pénal soit précisé de manière à mettre fin à un flou juridique. Il lui demande que dans le Code pénal soit précisé que dans tout lieu pouvant se prêter à des activités de plein air, nautiques ou de détente, la simple nudité ne constitue pas une exhibition sexuelle. » Compte tenu de l'ensemble de ces éléments, et du fait que les routes départementales reliant Beauvais aux communes voisines (RD 901, RD 149, RD 1001, RD 938, RD 927, RD 981) sont des lieux indiqués pour les activités de plein air, automobiles et de détente, une jurisprudence beauvaisienne protégeant le naturisme automobile sous pont routier serait la bienvenue.

12

Piédestal, éclairage public, Stradivarius

Date de publication : été 2008. ¶¶¶ POUVOIR ADJUDICATEUR. ¶ Nom, adresse : Conseil général de l'Oise /// 1 rue Cambry BP 941 /// à l'attention de M. le Président du Conseil général /// F-60024 Beauvais Cedex /// Tél. 03 44 06 60 60 /// http://www.oise.fr. ¶ Type de pouvoir adjudicateur et activités principales : Collectivité territoriale. ¶¶¶ OBJET DU MARCHÉ ¶ Description : Travaux. Lieu principal d'exécution : Beauvais. Code NUTS FR611. Description succincte du marché ou de l'acquisition : Fourniture et pose d'un éclairage public pour la nouvelle Statue à la gloire de la Musique et des éléments sonores dans la ville de Beauvais. Classification CPV (vocabulaire commun pour les marchés publics) : 454450. ¶¶¶ PROCÉDURE ¶ 1° Type de procédure : Ouverte. ¶¶¶ CRITÈRES D'ATTRIBUTION Offre économiquement la plus avantageuse appréciée en fonction de Prix des prestations : 50 % Valeur technique : 2 % Mise en valeur des instruments à cordes : 24 % Mise en valeur des musiciennes : 6 % Délai d'exécution : 20 %. ¶ Une enchère électronique a été utilisée : Non. ¶¶¶ RENSEIGNEMENTS D'ORDRE ADMINISTRATIF ¶ Numéro de référence attribué au dossier par le pouvoir adjudicateur : 07-DER-ADE-004. ¶¶¶ ATTRIBUTION DU MARCHÉ 08-1410-008 Intitulé : Fourniture et pose d'un éclairage public pour la nouvelle statue à la gloire de la Musique (etc.) de Beauvais. Date d'attribution : septembre 2008 Nombre d'offres reçues : une. Nom de l'opérateur économique auquel le marché a été attribué : Aurore Valade ¶¶¶ LE MARCHÉ EST SUSCEPTIBLE D'ÊTRE SOUS-TRAITÉ : Non. ¶¶¶ RENSEIGNEMENTS COMPLÉMENTAIRES Recours en annulation et indemnitaire : en application de l'article R.44421-1 du code de justice administrative, les personnes ayant intérêt à agir contre le genre de musique émis par la statue peuvent introduire un recours contre la décision de l'administration dans un délai de deux mois à compter de la date de notification de cette décision.

13

Mythologie, satyre, nymphes, rivières

Beauvais, située au cœur du Beauvaisis, est baignée par le Thérain, affluent de l'Oise. Elle s'étend au pied de collines boisées, sur la rive gauche du Thérain, au confluent de l'Avelon. Un tel emplacement est fort propice à la présence de nymphes, déesses subalternes de la nature. On sait que le nom de la ville de Beauvais vient des Bellovaques, peuple de la Gaule. Nul doute que l'influence gréco-romaine s'est fait sentir jusqu'au confluent des deux rivières évoquées ci-dessus. Des rues anciennes retrouvées à dix pieds de profondeur, d'antiques constructions sur des constructions antiques, la bâtisse du temple de Jupiter, l'ancien beffroi, l'*opus reticulatum* des fortifications, des frises, des colonnes, des chapiteaux, des ornements du meilleur style, des vases, une multitude de médailles, des statuettes, des fibules, et bien sûr le Mercure barbu décrit par Montfaucon : tout atteste que Beauvais fut possédé par les Romains. De l'époque où Beauvais s'appelait *Cæsaromagus*, « le Marché de César », il reste aujourd'hui un penchant certain pour des rites païens. Ainsi la danse rituelle des jeunes nymphes et du dieu Pan, célébrée au printemps de chaque année. L'influence du christianisme dans la région à partir du IVe siècle, et notamment le pouvoir des évêques, n'a su en venir à bout.

14

Démographie, derrières, retournements, horloge parlante

En 2006, le nombre d'habitants de la région Picardie était estimé à 1 886 000 habitants, soit 3,2 % de la population de la France métropolitaine. Malgré un solde naturel toujours largement positif, la croissance démographique de la région s'est nettement ralentie, notamment du fait de la forte émigration qui la frappe. À pied, à vélo, en voiture, en poussette, à poney, beaucoup semblent en permanence prêts à fuir la région vers des terres moins hostiles. Exception notable : le département de l'Oise, qui progresse encore en termes démographiques. Dans l'Oise, d'aucuns se retournent, quelques-uns hésitent, plusieurs reviennent. Beauvais demeure, titre de gloire, la ville la plus peuplée du département, avec plus de cinquante mille habitants. Nous observons ici la 9 341e naissance de l'année 2007, qui devrait conduire à un solde naturel avoisinant les 5 014 habitants pour l'année 2008. Ce dynamisme explique en partie l'attrait de la ville sur l'industrie et les technologies de pointe. On notera, au poignet de l'homme au premier plan, la réplique miniaturisée de l'horloge à carillons, dite à coins, qui s'élève depuis le début du XIVe siècle dans la chapelle Sainte-Thérèse de la Cathédrale. Un petit bijou de précision relié à un système de carillon à la voix tendre et enfantine, qui prévient les foules des moments profanes rythmant la vie quotidienne : change, sommeil, nourriture.

PONEYS

15

Jurisprudence, dénomination, botanique

Dans le présent arrêt, il sera seulement rappelé qu'à la suite d'un concours public d'architecture lancé en 1969, dans le cadre d'une opération dénommée « 1 000 piscines », l'État a confié à l'architecte lauréat, M. Bernard Schœller, par contrat du 19 novembre 1971, la maîtrise d'œuvre de réalisation et de suivi des prototypes des piscines dites « Tournesol », au bassin mesurant 25 mètres de longueur sur 10 mètres de largeur, au toit de 6 mètres de hauteur, destinées à équiper à moindre coût les collectivités locales. Attendu qu'il est incontestable, au vu des pièces versées aux débats, que, dans la conception des piscines dites Tournesol, Bernard Schœller a fait œuvre originale, aussi bien sur le plan technique qu'esthétique, en développant le concept d'une coupole légère en acier composé revêtue de coques en matière plastique ou tuiles en polyester, coupole partiellement escamotable, le quart de cette couverture s'ouvrant, par beau temps, pour dégager plages et bassin et être de ce fait éclairé par un doux soleil estival, d'où le nom qui lui a été donné de « tournesol » ; attendu que cette conception est étonnamment futuriste, alambiquée et possède un potentiel comique non négligeable d'où le nom qui lui a été donné de « tournesol », en référence au professeur du même nom de prénom Tryphon, attendu que ce type de piscine est particulièrement caractéristique de l'architecture française industrielle des années 1970, comme le montrent, notamment, les travaux de séminaires universitaires tenus de 1996 à 1998 à l'Université Paris I et à l'École d'architecture de Lille, réunis en 2002 dans un ouvrage intitulé *Les années ZUP*, et sous-titré *Architectures de la croissance 1960-1973*, ouvrage dans lequel les réalisations de Bernard Schœller, spécialement ses 183 piscines Tournesol construites à travers le territoire français, occupent une place de choix ; attendu que la construction de ces piscines avait été décidée en 1969 par le Ministère de la Jeunesse, des Sports et des Loisirs, dans le but de parfaire l'apprentissage de la natation, suite aux mauvais résultats des nageurs français aux Jeux Olympiques d'été de 1968, il est vivement recommandé à l'équipe de natation représentant la France aux Jeux Olympiques d'été de 2008 de réaliser de très médiocres performances, et ce en vue de favoriser l'essor de l'architecture française, laquelle pourrait pleinement exprimer son inventivité dans le cadre de la construction d'un nouveau type de piscines qui aurait pour nom Chiendent, Coquelicot ou Pissenlit.

M.N.S.

16

Canards, peintre paysager, plomb dans l'aile

Cinq croquis de canards, quatre croquis de canards, beaucoup de croquis de beaucoup de canards. Un sujet de prédilection, comme on dit. Il faut donc se rendre à l'évidence : nous sommes ici en présence d'une œuvre de Maurice Boudot-Lamotte. L'excellent ouvrage de Jacques Thuilliet et Marie-Madeleine Aubrun (*Hommage à Maurice Boudot-Lamotte. 1878-1958. Peintre et collectionneur. La donation de la collection de Beauvais,* édition du Musée départemental de l'Oise, 1979, In-8, broché, 124 pages, 438 grammes) nous en dit plus sur les dessins conservés au Musée départemental de l'Oise, à Beauvais. Parmi l'ensemble des croquis de volatiles de Maurice Boudot-Lamotte, parmi tous ces oiseaux que le peintre appelait «oise» en une affectueuse abréviation, certains ont été perdus. Il ne nous en restait que les titres évocateurs – jusqu'à la redécouverte du tableau ci-contre. Reste à savoir de quel tableau précisément il s'agit. Le *Croquis de quatre canards et d'une poule ?* Non, à moins qu'un canard ne se cache dans l'ombre douillette d'une voiture. Le *Croquis de deux canards et d'un paon ?* Auquel cas le paon serait ce drôle de canard à la main levée, comme pour faire la roue – mais peut-on garder l'hypothèse selon laquelle le peintre aurait tout simplement omis dans son titre (misogynie, amnésie, cuistrerie ?) la charmante créature se prélassant sur un tapis de feuilles ? Non. Restent alors deux possibilités : le *Croquis de deux coqs, d'une poule et d'un canard* et *le Croquis de trois canards et d'une grue.* On laissera aux spectateurs le soin de trancher le débat pour n'en admirer que plus longtemps encore les battements d'ailes des canards de plomb s'envolant au-dessus de l'arbre aux petites feuilles.

Beauvaisis Décor

17

Ballon, rond, carré magique

Tableau numérologique concernant le football à Beauvais, en vue d'obtenir des statistiques fiables et de découvrir une méthode d'entrainement adéquate.

descriptif du match et de son résultat (saison 2007-2008)	**lieux et scores**
RÉSULTATS (DOMICILE) CONTENANT LE CHIFFRE 3	**B**-Nimes (3-0) **B**-Calais (3-1) **B**-Rodez (3-0) **B**-Sannois (3-0)
RÉSULTATS (EXTÉRIEUR) CONTENANT LE CHIFFRE 1	Sète-**B** (1-1) Villemomble-**B** (1-2) Créteil-**B** (1-0) Cherbourg-**B** (2-1) Cannes-**B** (1-1) Nîmes-**B** (3-1) Romorantin-**B** (1-1) Calais-**B** (1-0)
RÉSULTATS (DOMICILE) CONTENANT LES CHIFFRES 0 ET 4	néant
RÉSULTATS (EXTÉRIEUR) CONTENANT LES CHIFFRES 3 ET 4	Laval-**B** (4-3)

FERMETURES
TELECOISE
MIROITERIE
Du Beauvaisis
INTERMARCHE
Beauvais
23:05
SUPER U
FORMUL CLUB
CABINET FONTAINE
PICARDIE
SOGEA
Oxygène
Linge de Maison

18

Renouveau architectural, camaïeu, union matrimoniale

Après l'incendie de l'ancienne église-cathédrale carolingienne en 1225 et les multiples déboires de la Cathédrale inachevée, les hauts dignitaires de Beauvais se devaient de construire un nouvel édifice : un nouveau lieu de culte pouvant rivaliser en magnificence avec les monuments les plus célèbres. Aucun document d'époque ne permet de connaître les dimensions exactes du projet initial, mais il est certain que les architectes prévoyaient d'édifier un monument exceptionnel, dont la taille émerveillerait l'Europe entière. Le rose fut immédiatement choisi comme couleur extérieure, décliné en diverses teintes : rose cuisse-de-nymphe, rose dragée clair, rose incarnadin et quelques touches de rose bonbon. Le bleu azuréen fut choisi pour le carillon, mélangé à une touche de bleu céruléum. Les piliers, jaune d'or, apportaient des reflets ambrés et fleur de soufre à l'ensemble. Sans doute les concepteurs de ce projet architectural auraient-ils dû méditer davantage l'histoire de la Tour de Babel : le nouvel édifice avait lui aussi des fondations branlantes et demeure, à ce jour, inachevé. La mise en place d'un échafaudage humain permanent, afin d'assurer la stabilité de l'ensemble, a été de rigueur. Cette œuvre reste toutefois un témoignage unique des élans de la création architecturale contemporaine. Même inachevé, l'édifice reste un des lieux du patrimoine les plus émouvants, par sa hauteur extérieure extraordinaire de 67,2 centimètres, par sa baie vitrée à carreaux, chef-d'œuvre de l'architecture moderne flamboyante, et par le témoignage resplendissant de l'évolution profane des mœurs qu'elle apporte via la présence de Dieu et de sa femme dans un coin du salon. Et nul doute que dans cinq siècles, donnant à cette construction extravagante le cadre qu'elle mérite, les petits arbustes plantés en rangs d'oignon seront devenus des chênes majestueux.

LBT
TRAVAUX PUBLICS ET PARTICULIERS
LINEA BTP

19

Temps, espace, buffle, terre promise

On ne peut être que frappés par la proximité entre la série de cartes postales anciennes de l'Oise intitulée « Les rues de Beauvais et de ses faubourgs vers 1910 » et le travail de recensement photographique actuel d'Aurore Valade dans les faubourgs de Beauvais vers 2008. À un siècle moins deux ans de distance, les faubourgs restent les mêmes. Le même ciel immensément bleu sombre, le même sol herbu. Seule différence, les nets progrès de la signalétique fin XXe début XXIe. Afin d'éviter les fréquentes confusions, deux immenses flèches lumineuses d'un rouge écarlate permettent au chaland d'éviter toute confusion entre l'enfer (grill, cornes, buffles) et le paradis (cité de Dieu, étoiles, balcons, arbre de la connaissance). Les passagers oublient hélas souvent que les effets personnels ne sont pas admis en cabine. Qu'ils se rassurent : tous leurs désirs (possession de biens matériels, tableaux, musique) seront satisfaits sur place le moment venu. Par ailleurs, les parapluies sont inutiles : au-dessus des nuages, il fera toujours beau.

City
Hotel
DARTY

20

Faire tapisserie, plumages, ramages, idiotismes animaliers

En 1664, une manufacture royale de tapisserie était installée à Beauvais, qui devenait alors une importante ville drapante du royaume. Plus de la moitié de ses habitants travaillaient alors dans le textile. La Manufacture atteint son apogée au XVIIIe siècle. Depuis cette époque glorieuse, Beauvais est restée fidèle au textile. Régulièrement, notamment au moment des équinoxes (soldes d'hiver, soldes d'été), des jeunes filles courent les magasins. Gaies comme des pinsons, ces oies blanches achètent des tissus pied-de-poule, motifs d'habillement quasi similaires au pied-de-coq. Elles sont souvent vêtues de tissus de soie gorge-de-pigeon, aux reflets changeants comme leur humeur : gris perle, bleu ciel et rose.

ma

21

Altitude, passagère n° 2 154 939, élévation

La ville de Beauvais se situe géographiquement à une altitude moyenne de 67 mètres, plus précisément à une altitude comprise entre 57 mètres et 170 mètres. L'aéroport de Beauvais-Tillé culmine quant à lui à 106 mètres de hauteur, permettant à quelque 2 154 937 passagers de s'envoler en 2007 à quelques milliers de kilomètres au-dessus du plancher des Bellovaques, après avoir décollé sur la piste principale (2 430 mètres sur 45 mètres de large) ou sur une piste secondaire (1 105 mètres sur 30 mètres). Désireux de s'élever plus encore dans les airs, et n'ayant pas les moyens de s'offrir quotidiennement un vol céleste, certains jeunes habitants de la ville, que nous désignerons par « passager n° 2 154 938 et passagère n° 2 154 939 » ont trouvé une solution imparable : un arbre aux branches nombreuses, un tapis volant (1,60 mètre sur 0,90 de large), un caniche blanc et une once de magie. Les bagages à main peuvent être montés à bord sans fouille préalable, avantage non négligeable. Les enfants en bas âge et animaux de compagnie (chiens, chats, singes) voyagent gratuitement. Coussins à motifs et couvertures roses gracieusement mis à disposition. Embarquement immédiat vers Alicante, Barcelone, Bournemouth, Bucarest, Budapest, Dublin, Glasgow, Guernesey, Jersey, Katowice, Madrid, Marseille, Milan, Pise, Porto, Rome, Shannon, Stockholm, Valence, Varsovie, Venise. Low cost.

22

Sondage, roman théâtral, sens parallèles

Lev Koulechov, cinéaste russe, directeur de l'école de cinéma de Moscou, étudia dans les années 1920 la notion de montage. Choisissant arbitrairement la photographie d'un visage d'homme, il lui accola successivement trois plans. Une table sur laquelle était posé un bol de soupe : les spectateurs affirmèrent que les yeux du personnage exprimaient la faim. Un cadavre : les spectateurs affirmèrent que ces yeux exprimaient la tristesse. Une femme nue : les spectateurs affirmèrent que ces mêmes yeux exprimaient le désir. Avec cette expérience, Koulechov démontrait qu'un plan isolé n'a aucun sens. Désireux d'adapter l'expérience de Koulechov à la vie théâtrale beauvaisienne afin de comprendre l'imaginaire véhiculé par les costumes locaux, nous avons demandé à des spectateurs de la ville d'imaginer les didascalies de chacun des personnages de la scène. Les résultats sont édifiants.

LA DAME PRIANT (ROBE VERTE, BASKETS VIOLETTES). *(faisant semblant d'écouter le moine.) (pétrifiée d'angoisse.) (déterminée.)*
LA DAME FUMANT (ROBE ORANGE, BASKETS JAUNES). *(lasse.) (inspirée.) (pensant à tout autre chose.)*
LA DAME TENANT (ROBE BLANCHE, PAS DE BASKETS). *(narquoise.) (amoureuse.) (indifférente.)*
LA DAME JARRETELLANT (ROBE MAUVE, PAS DE BASKETS). *(soupirant.) (goguenarde.) (inquiète.)*
LE MOINE. *(précis et autoritaire.) (attentionné.) (l'air hagard.)*
LE CHIEN. *(une bonne idée en tête.) (s'ennuyant ferme.) (attendant que ça se termine.)*

23

Zones forestières, oiseaux, corps plats, corps creux

Le recensement des espèces naturelles picardes fait l'objet d'une attention accrue. Dans les forêts et zones assimilées à des forêts des environs de Beauvais, le Conservatoire des sites naturels de Picardie dénombre plusieurs espèces : cerfs, pics noirs, sangliers, bécasses des bois, autours des palombes, lucanes cerfs-volant, carabes à reflets dorés, salamandres tachetées, grenouilles agiles, chouettes hulotte, chats sauvages. La migration épisodique de l'une de ces espèces au sein des parcs urbains de la ville de Beauvais est cependant parfois établie de façon quasi-certaine par des observateurs assermentés. Un rapport de l'année 2008 fait ainsi mention de la présence, au sein d'un arbre de type conifère (genre Abies, famille des *Pinaceæ*) du parc Marcel Dassault, d'un couple de drôles d'oiseaux dont l'habitat n'était pas, avant cette date, recensé dans cette zone de l'Oise. Ni accenteur mouchet, ni bergeronnette grise, ni merle noir, ni tourterelle turque, ni étourneau sansonnet, ni rouge-gorge, ni pigeon biset, ni moineau domestique, il semblerait que l'espèce entraperçue ce jour-là soit plus proche, par ses mœurs, du troglodyte mignon ou du choucas des tours. Des scientifiques ont avancé depuis l'hypothèse hardie selon laquelle il s'agirait tout simplement d'un homme et de sa compagne, mais une méthodologie plus détaillée et un protocole d'observation plus précis, actuellement en cours, doivent venir étayer cette thèse avant qu'elle ne soit définitivement adoptée par la communauté des chercheurs. Cette espèce a vraisemblablement été surprise par l'observateur au moment dit de la parade nuptiale. On notera avec intérêt que les couleurs des atours du mâle, censées constituer le signal visuel apte à entraîner l'adhésion de l'individu de sexe opposé, paraissent bien fades. On est bien loin des plumages multicolores resplendissants des canards mandarin ou des frégates. Notre oiseau fait en revanche partie des espèces intégrant dans le rite de la parade nuptiale des offrandes de nourriture et de menus cadeaux, offrandes semblant avoir pour but de prouver que le mâle saura participer à la vie domestique une fois le couple formé. Il s'agit souvent de matériaux symboliques, similaires à ceux qui serviront à construire le nid (branchettes, petits cailloux, bouts de papier) ou à y vivre (canettes de coca, bières). Une question subsiste : la tache blanche et lumineuse sur l'arbre, dont on ne sait si elle est une fleur à cinq pétales d'un type nouveau (son apparence la rattache clairement à la jacinthe des bois, plante de demi-ombre assez courante dans la région, aux feuilles recourbées) ou une ultime offrande nuptiale du mâle à la lourde symbolique (partage des tâches ménagères). Quoi qu'il en soit, la Ville de Beauvais, à qui est attribuée la compétence en matière de nettoiement des voiries, de gestion des corbeilles publiques et de retrait des dépôts de déchets exceptionnels, se fera un plaisir de recueillir les traces de cet instant exceptionnel. On notera avec intérêt que la terminologie en vigueur dans l'administration prend acte du sentiment amoureux propre aux intéressés : les papiers-cartons sont ainsi appelés les corps plats et les emballages plastiques et métalliques les corps creux. Les corps de nos deux volatiles volages se seront quant à eux envolés avant le passage des autorités compétentes.

Merci aux nombreuses personnes de Beauvais et du département qui ont répondu à l'annonce pour jouer les modèles ainsi qu'aux beauvaisiens rencontrés, pour leur sympathie et leur accueil.
Merci à ceux qui ont participé et aidé aux prises de vues en tant que modèles ou assistants : Vicky, Malaku, Mariam, Menen et Makonnen Cazacu, Philippe Luc, Sandrine Debert et Léanne Pouillet, Virginie Cavé, Enzo Roxo-Paulo, Florian Courtin ; Maryline Michaud et Rose ; Bénédicte Corette, Mathieu Bruneau ; Olivier Garcia, Astrid Garcia, Gino Foucard, Johanna, Sarah, Medhi et Aurélie Garcia, Léa et Clara Roussel ; Petra, Christophe, Arthur, Alexandre, Julie et Emma Pinard ; Nicolas Boitel, Benjamin Dehornois, Alexandre, Bastien Delafosse, Hélène Moinet, Aurélien Testu, Cindy Lancelin, Ophélie Stienne, Julie Lancelin, Adrien Matus, Mélanie Savignac, Quentin Biard, Fanny Sarazin, Sandy Cottinet, Coralie Pinte, Sylvain et Victorien Dareery, Julien David, Cindy Renault, Matthieu Fouré, Florian Baticle, Fabien Fortin, Alexandre Pelle, Ludovic Denoyelle, Charlène Verley, Olivier Prudhomme, Mickaël Chemin, Allison Verstroek ; Julien Lepere, Bruno Malys, Sabrina Casares, Jérôme Malgrand, Soraya Zier, Mickaël Sambaké, Gwenaelle Hervé, Yannick Delabarre ; Cindy Ildis, Shirley Ramsamy, Meghane Thomain, Thierry Blameble, Vincent Boulanger, Marine Maurouard, Christopher Pierrin, Laurine Catteau, Sébastien ; Grégory Guignet, Vincent Oosthoek, Nicolas Popéra, Sébastien Warnault, Mikaël Tanski, Anthony Chapron ; Margaux Iribarnegaray, Hélène Toscano ; Lisa, Juliette, Louison, Élise, Solène et Clémentine de la compagnie Marie Devillers, Marie Devillers ; Carole Bonetti, Xavier Girard et Irène ; Gaïdig Lemarié, Gérald Basset, Hélène Marcel, Lætitia Dupont, Méguy Ledoux, Nasser Rahoui, Solène Paul, Alban Hulin, Nadia Adelahine ; Joseph Canu, Pierre-Olivier Julien, Céline Tutin et Stéphane Cugnier de Oise Hebdo ; Stéphanie Orget et Damien Dayde, Monsieur Mabille ; Philomène et Léa Goncalvès ; Jean-Luc Tassel ; Marie-Charlotte Guicheteau, Allisson Girodet, Jennifer Vattelhas, Laura Leroux ; Perrine Dive, Sylvanie, Edwige Viguerarp et Dimitri ; Laurence Pottier, Clémence et Céline Tastayre, Jean-François Scombart, Virginie Dumont ; Leïla Telesfort, Nicolas ; Hélène Jeanroy ; Nathalie Maréchal, Johanna et Thomas Guerra, Patrick Javoy, Émilien Roose ; Louisa Lakhera, Florence et Maryse Heouairi ; Magali Ducreux, Véronique et Théo Vandewoorde ; Jérôme Louvel, Serge et Cécile Louvel, François Cruvellier, Jérôme Lefevre ; Jill Silliou, Stéphanie Le Cras ; Mathis, Nathalie et Marcel Seillier, Maxime, Pascal, Farhane et Keïssane Guemoun, Samia Bouabida et Silia Sadallah, Jacqueline Legoix ; Jacques Marzack.

Aurore Valade est née en 1981 et vit à Marseille. Elle a obtenu un DNAP à l'École des Beaux Arts de Bordeaux en 2001 et un diplôme de l'École Nationale Supérieure de la Photographie d'Arles en 2005. En 2008, elle remporte le prix de la Fondation HSBC pour la photographie et publie une première monographie, *Grand Miroir*, aux éditions Actes Sud.

Lætitia Bianchi est née en 1976. Elle est rédactrice en chef du «Tigre» (www.le-tigre.net), magazine généraliste diffusé en kiosques et librairies qu'elle a créé en 2006 avec Raphaël Meltz, et qui fait suite à l'aventure éditoriale «R de réel» (revue d'art et de sciences humaines, 2000-2005). Lætitia Bianchi est par ailleurs auteur (*Voyez-vous*, roman, éditions Verticales, 2002) et dessinatrice (*Le livre des serpents et des échelles*, éditions l'Œil électrique, 2007).

Aurore Valade remercie ceux qui ont accompagné le projet et apporté leur contribution :
La Direction des affaires culturelles de la Ville de Beauvais, l'association Diaphane à Montreuil sur Brèche, Gaïdig Lemarié, Fred Boucher, Adriana Wattel, Michel Paradinas et Lætitia Bianchi.

Merci aussi aux personnes qui ont facilité les prises de vues en mettant à disposition des accessoires ou en permettant un accès privilégié dans les lieux suivants :
L'aéroport de Beauvais-Tillé, l'association «Les amis des fêtes Jeanne Hachette», les ateliers de la Bergerette, le bar La Loco, le City Hotel, la discothèque Le Bugatti, la discothèque Le Calypso, les Galeries Lafayettes, Intermarché Nord, le Magic Mirrors (Festival Blues autour du Zinc), le Mix Bar, le parc Marcel Dassault, la piscine Tournesol et le stade Pierre Brisson.

Cet ouvrage est édité dans le cadre des Photaumnales 2008 de Beauvais.
Il accompagne l'exposition PLEIN AIR de Aurore Valade, réalisée dans le cadre d'une résidence de création à Beauvais entre janvier et juin 2008.

Les Photaumnales sont soutenues par la Ville de Beauvais, le Conseil régional de Picardie, le Conseil général de l'Oise, la DRAC Picardie et le Crédit Agricole de l'Oise.

Ce livre est réalisé à l'initiative de l'association Diaphane avec l'aide de la Ville de Beauvais, du Conseil régional de Picardie, du Conseil général de l'Oise et de la DRAC Picardie.

Coordination et production : Diaphane
Coordination éditoriale : Fred Boucher
Tirages et numérisation : Laboratoire Photon, Toulouse
Maquette : Aurore Valade et Michel Paradinas
Photogravure : Vincent Risacher (vincentrisacher@mac.com)
Impression : Imprimerie des Capitouls, Balma, France.

DIAPHANE éditions
479 route de Grandvilliers F-60480 Montreuil sur Brèche
Téléphone 03 44 80 52 97
info@diaphane.org
www.diaphane.org

Dépôt légal 3e trimestre 2008
ISBN : ISBN 978-2-9530799-1-3

Achevé d'imprimer en août 2008.